▲ *Relief an der Westempore (Ausschnitt)*

Ansgar das kleine Grenzkastell Hamburg. Aber Hamburg lag damals noch zu sehr am Rande; es wurde 845 bei einem Einfall räuberischer Normannen restlos zerstört, so dass Ansgar nach Bremen fliehen musste. Nachdem er auch Bremer Bischof geworden war, kam es 848 zur Vereinigung der beiden Bistümer als Bistum Hamburg mit Sitz in Bremen. Mit der Verlegung des Sitzes des Missionsbistums nach Bremen ging eine Aufgabe von europäischem Rang, die Christianisierung Skandinaviens und der slawischen und baltischen Ostseevölker, auf Bremen über. Ansgar († 865) erreichte, dass sein Bistum 860 zum Erzbistum erhoben wurde, womit sich Bremen aus der Unterstellung unter das Erzbistum Köln löste. Er schuf die Grundlagen des Christentums in Dänemark und Schweden und ging als »Apostel des Nordens« in die Geschichte ein.

Die Schwäche des Reichs am Ende der Karolingerzeit warf die Mission zurück; aber mit der Festigung des Reichs unter den sächsischen Herrschern gab es große Erfolge. Kaiser Otto I., der Große, hatte 937 seinen Kanzler **Adaldag** aus sächsischem Geschlecht zum Erzbischof berufen, er vollendete die kirchliche Organisation Dänemarks 948 mit der Gründung der Bistümer Schleswig, Ripen und Aarhus und begann die Slawenmission an der Ostseeküste (960 Bistum Oldenburg bei Lübeck). Adaldag († 988) spielte eine herausragende Rolle in der Reichspolitik als Berater der drei Ottonen. Kaiser Otto der Große nannte ihn »unserer Reiche oberster Ratgeber«.

Der Rang einer Kirche bemaß sich im Mittelalter unter anderem an der Bedeutung ihrer Reliquien (Gebeine oder Erinnerungsstücke von Heiligen). Mit dem Erwerb der Reliquien der Heiligen Kosmas und Damian 965 rückte Bremen auch in dieser Hinsicht in die Reihe der Erzbistümer Mainz, Trier, Köln, Salzburg und Magdeburg. Kosmas und Damian waren frühchristliche Märtyrer, deren Kult schon im 5. Jahrhundert bezeugt ist. Die Heiligen der Ärzte und Apotheker, deren Reliquien sich zusammen mit dem um 1400 in Bremen entstandenen goldenen Schrein seit 1648 in der St.-Michaels-Kirche in München befinden, machten den Bremer Dom zum Wallfahrtsziel. Darüber hinaus wurde Bremen zum Ausgangspunkt der Pilgerroute über See nach Santiago de Compostela an der spanischen Atlantikküste. Heute kann man sich die Bedeutung der Pilgerbewegung im Mittelalter kaum noch vorstellen; ein ganzer »Wirtschaftszweig« zur Betreuung der Pilger bildete sich. Wie ein Pilger aussah, der damals von Bremen nach Santiago reiste, sieht man an dem Standbild des hl. Jacobus im Glockengarten neben dem Dom (▶ Abb. Seite 42), da dieser im Pilgergewand mit dem Zeichen der Pilger, der Muschel, dargestellt ist. Am Rande sei vermerkt, dass die kirchlichen Hauptaufgaben Bremens im Mittelalter (Missionierung Skandinaviens und Pilgerstation auf dem Seewege durch die Biskaya nach Spanien) bis in die Neuzeit einen prägenden Einfluss auf den bremischen Handel ausgeübt haben: Handel mit den Produkten Skandinaviens (Bergen) und der Biskaya (Bordeaux).

Erzbischof **Unwan von Goseck** (1013–1029) setzte die Anerkennung der Bremer Kirchenhoheit in ganz Skandinavien durch. Es waren während seiner Regierungszeit die ersten Ansätze von Entwicklungen erkennbar, die für die zweite Epoche der Domgeschichte kennzeichnend wurden. Durch die Gründung der ersten selbständigen stadtbremischen Gemeinde begann die Verlagerung des Gemeindelebens aus dem Dom heraus. Vor allem könnte man Unwan als Gründer des Erzstiftes Bremen (des weltlichen Herrschaftsgebietes) bezeichnen; denn als naher Verwandter der Witwe Emma des Grafen Liutger von Lesum aus dem Hause Billung bewegte er sie zu bedeutenden Schenkungen an das Bremer Erzbistum. Diese Erbschaft brachte aller-

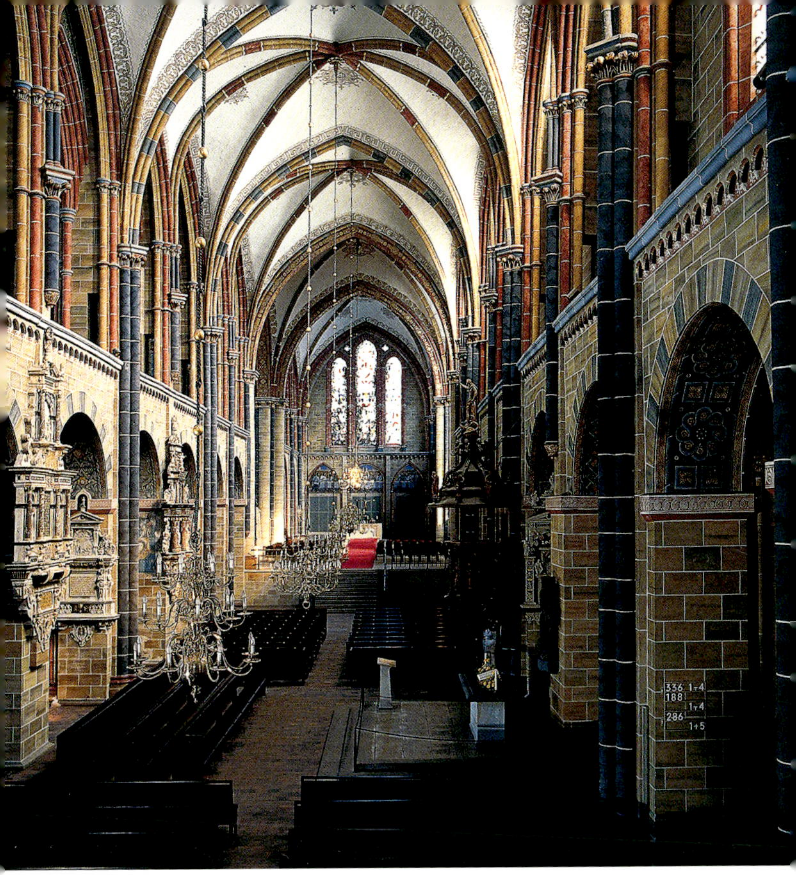

▲ *Mittelschiff nach Osten*

dings dem Erzbischof die Feindschaft der Billunger ein, die ihren Höhepunkt 1047 mit dem Mordanschlag auf Kaiser Heinrich III. in Lesum fand.

Als 1043 **Adalbert von Goseck** Erzbischof wurde, begann ein Abschnitt der Bremer Domgeschichte, der den bisherigen Rahmen sprengte. Adalbert war als junger Kanoniker zusammen mit Suitger von Morsleben bei Erzbischof Hermann I. (1032–1035) in Bremen gewesen, ehe er als Berater an den Kaiserhof ging. Eben dieser Suitger wurde 1046 Papst Clemens II., nachdem Adalbert verzichtet hatte, da er seine Aufgabe in Bremen suchte. Er sah nur eine Möglichkeit, Bremen die Oberhoheit über die skandinavischen Kirchen, die die Bildung nationaler Erzbistümer anstrebten, zu erhalten: die Erhöhung Bremens zu einem Patriarchat. Im Mittelalter gab es nur fünf Patriarchate: Antiochia, Alexandria, Konstantinopel (später noch Jerusalem) und im Westen (abgesehen von dem Sonderfall Aquilea) nur Rom. Der Kaiser war schon für den Plan gewonnen, als Clemens 1047 starb, und damit auch sein Vorhaben.

Als engster Kaiserberater wirkte Adalbert – meistens abwesend von Bremen – für den Ausbau des Erzbistums. Durch den Erwerb Lesums und seinen großen eigenen Besitz war Adalbert ein mächtiger Reichsfürst. Sein fürstlicher Lebensstil wurde gerühmt; sein Hochmut und sein Ehrgeiz bildeten dagegen Angriffspunkte. Seine große Stunde kam, als Kaiser Heinrich III. 1056 39-jährig starb und Adalbert als Vormund für das Kind Heinrich IV. zum maßgeblichen Reichspolitiker wurde. Der junge König und spätere Kaiser überhäufte seinen väterlichen Freund mit Gunstbeweisen. Als Heinrich 1065 mündig geworden war, übertrug er dem Erzstift Bremen umfangreichen Reichsbesitz, so auch die Reichsabtei Corvey an der Weser. Das war zu viel für die wachsende Zahl seiner Feinde: Sie zwangen den König 1066 auf dem Reichstag zu Tribur, Adalbert als »Reichskanzler« fallen zu lassen. Da Adalbert seine Möglichkeiten überzogen hatte, brach das Erzbistum auch wirtschaftlich zusammen; große Teile des Erzbistums und des Erzstiftes gingen verloren. Adalbert konnte zwar seine Stellung als Erzbischof und Reichspolitiker allmählich wieder festigen; sein Schicksal war aber zu eng mit dem umstrittenen Heinrich IV. verbunden, um die alte Bedeutung wiederzuerlangen.

Nach Adalberts Tod 1072 spielte sein Nachfolger, Erzbischof **Liemar** aus bayerischem Geschlecht (1072–1101), eine wichtige Rolle im sogenannten Investiturstreit zwischen der weltlichen und der geistlichen Macht im Abendland. Liemar war der Wortführer der kaiserlich gesinnten Kirchenfürsten, ohne deswegen sein Ansehen bei der päpstlichen

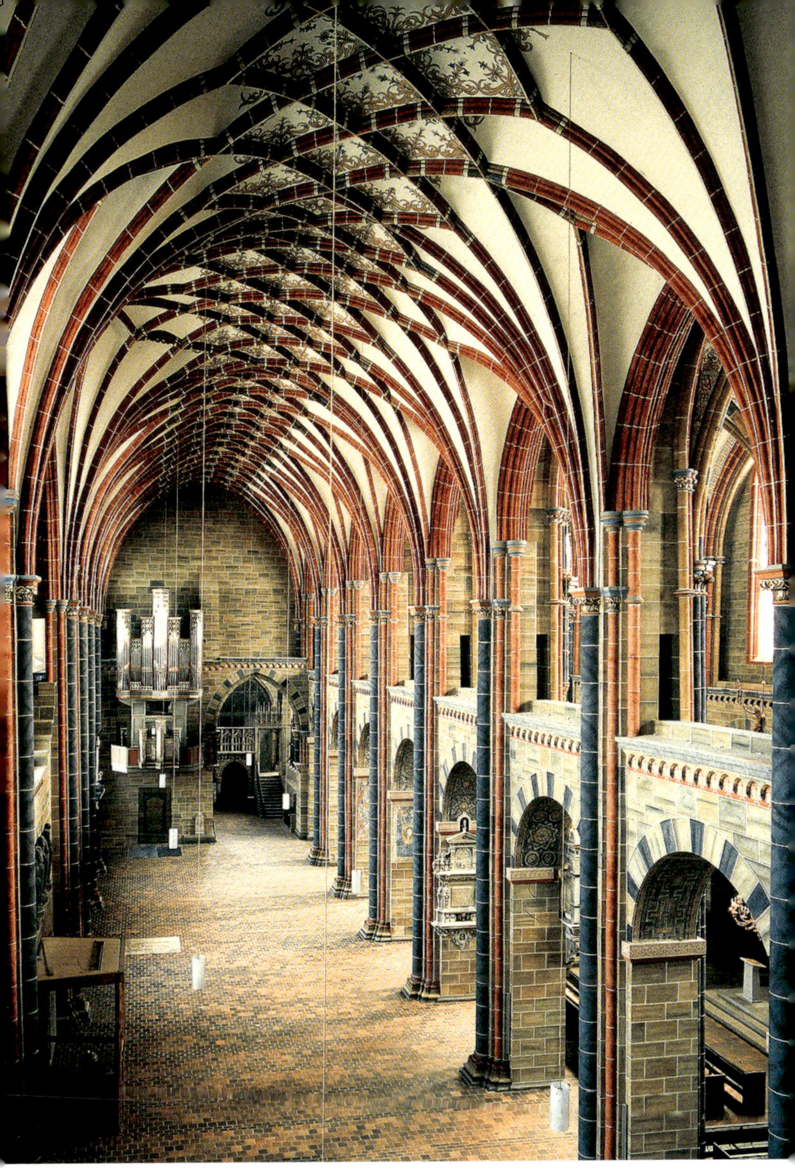

▲ *Nördliches Seitenschiff mit Blick auf die Bach-Orgel* (▶ Seite 33)

Partei zu verlieren. So gehörte er zu den wenigen Begleitern Heinrichs IV. 1077 auf dem Weg nach Canossa und vermittelte zwischen ihm und Papst Gregor VII. Aber ein »Rom unter den Völkern des Nordens« nach Adalberts Vorstellungen wurde Bremen nicht.

Die Krise des Reichs am Ende der Salierzeit spiegelte sich in der Entwicklung des Erzbistums Bremen wider: 1104 löste sich die skandinavische Kirche durch Gründung des Erzbistums Lund aus dem bremischen Suffraganverband. Aber mit der Festigung der Herrschaft der Staufer gab es noch einmal einen Missionserfolg. Erzbischof **Hartwig I. von Stade** (1148–1168), der letzte Erbe des Besitzes seines Hauses, der Markgrafen von Stade, brachte zum Verdruss Heinrichs des Löwen die Markgrafschaft Stade an das Erzstift und schuf so die wirtschaftlichen Voraussetzungen für ein großes Vorhaben. Unter seinem Nachfolger **Hartwig II. von Uthlede** (1185–1207) übernahm Bremen die Mission des Baltikums. 1199 ging **Adalbert von Buxhoeveden** aus dem Bremer Domkapitel als Bischof nach Livland und gründete Riga. Bald erstreckte sich das Bistum Riga als Teil des Bremer Erzbistums über das gesamte Baltikum. Aber wieder zeigte sich der enge Zusammenhang zwischen der Reichspolitik und dem Erzbistum. Mit dem Zusammenbruch der Stauferherrschaft entglitt Riga 1255 dem Bremer Suffraganverband und wurde selbstständiges Erzbistum. Damit erstreckte sich das Erzbistum Bremen nur noch auf Ostfriesland, den Unterweserraum von der Mündung bis Bücken, das Gebiet zwischen Weser und Elbe bis zur Linie Verden – Hamburg, auf Holstein, Mecklenburg und Vorpommern ohne Rügen, also auf die Bistümer Bremen-Hamburg, Lübeck, Ratzeburg und Schwerin. Die künftigen Erzbischöfe beschränkten sich auf die Sicherung dieses Territoriums, wobei die vollständige Einverleibung der Grafschaft Stade das Gebiet zwischen Weser und Elbe zum Kerngebiet, zum eigentlichen Erzstift machte.

Vor allem als Ausbau der landesherrschaftlichen Rechte des Erzstiftes muss die Auseinandersetzung mit den Stedingern gesehen werden. Die selbstbewussten Stedinger Bauernschaften versuchten, dem Erzbischof die Zinspflicht zu verweigern. Da sie sich gleichzeitig aus damaliger Sicht schwerer kirchlicher Verstöße schuldig gemacht hatten, war es dem Erzbischof **Gerhard II. zur Lippe** (1219–1258) nicht

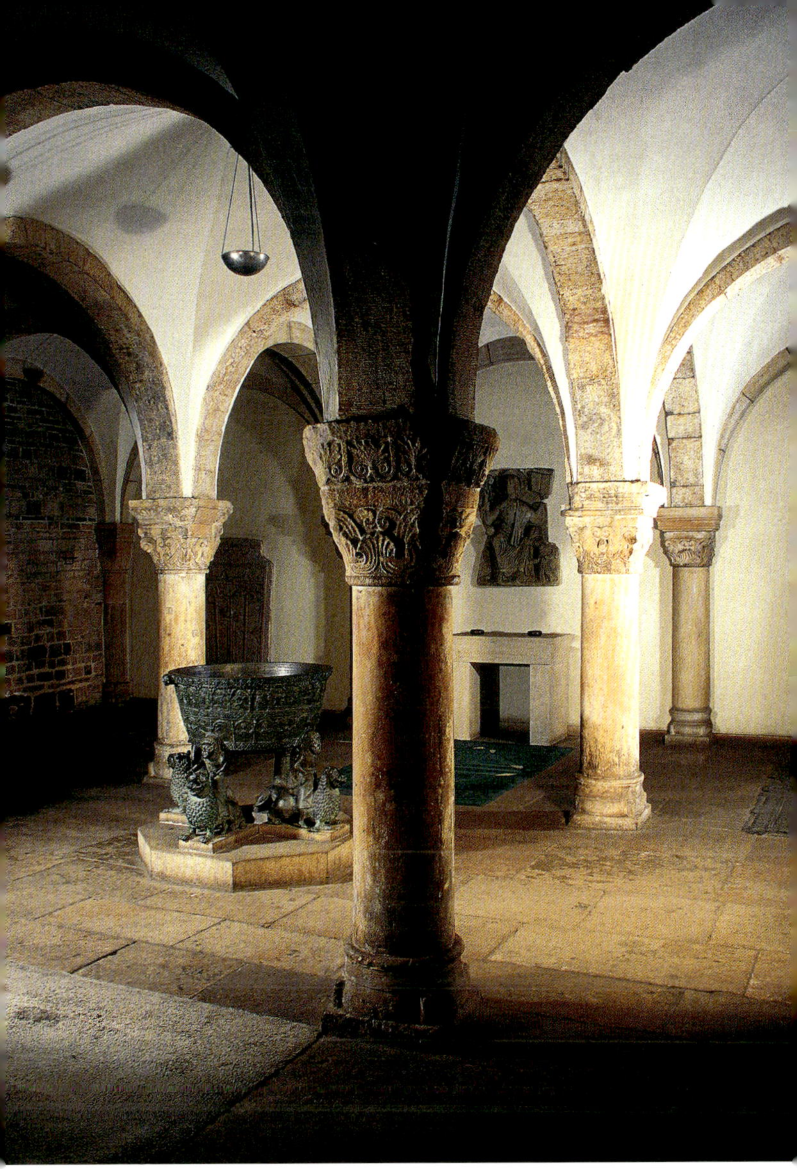

▲ *Westkrypta*

schwer, sie als Ketzer verurteilen zu lassen und Papst Gregor IX. zur Ausrufung eines Kreuzzuges zu bewegen. Ein überlegenes Ritterheer schlug 1234 im Altenesch bei Berne die Stedinger und entvölkerte das reiche Land, das nunmehr wieder fest in das Erzbistum eingegliedert werden konnte.

Spätmittelalter und Frühe Neuzeit

Seit 1255 bis zu seinem Ende 1648 ging die Bedeutung des Erzbistums und damit des Doms zurück. Bei den letzten Erzbischöfen war es ganz offenkundig, dass es nur darum ging, nachgeborene Fürstensöhne standesgemäß unterzubringen und die immer noch erheblichen Machtmittel des Erzstiftes für dynastische Eigeninteressen zu nutzen. Der Dom wurde zu einer Stätte der Selbstdarstellung des Erzbischofs, des Domkapitels (das Wahlgremium des Erzbischofs bestehend aus Domherren und obersten Klerikern) und des Stiftsadels. Der Dom verdankt dieser Zeit zwar viele Kunstwerke, von ihnen ist aber nur noch ein kleiner Teil vorhanden; er bot damals schon in seiner äußeren Erscheinung das Bild einer Kirche, die sich gesellschaftlich und theologisch von der Gemeinde und vom Evangelium entfernt hatte.

Innerhalb kurzer Zeit und ohne nennenswerte Widerstände bekannte sich die Bürgerschaft Bremens ab 1522 zur **Reformation**, während Erzbischof **Christoph von Braunschweig-Lüneburg** (1511–1558) noch am alten Glauben festhielt. Er musste aber Zugeständnisse machen und z. B. durch den Dompropst evangelische Pastoren für die stadtbremischen Gemeinden einsetzen lassen. Im Verlauf der zwiespältigen sozialrevolutionären Ereignisse während des Regimes der 104 Männer drang am Palmsonntag 1532 während der Messe in Anwesenheit des Domkapitels eine Menge in den Dom ein, unterbrach die Liturgie und erzwang eine evangelische Predigt des späteren lutherischen Superintendenten Jakob Probst. Daraufhin ließ der Dompropst den Dom schließen, um die Stadt mit dem Domkapitel zu verlassen. Die weitere Entwicklung verlief noch unwürdiger: mit Winkelzügen und Prozessen versuchten Erzbischof und Dompropst, ihre Rechte und Privilegien zu erhalten. Doch allmählich reformierte sich das Domkapitel selber von innen.

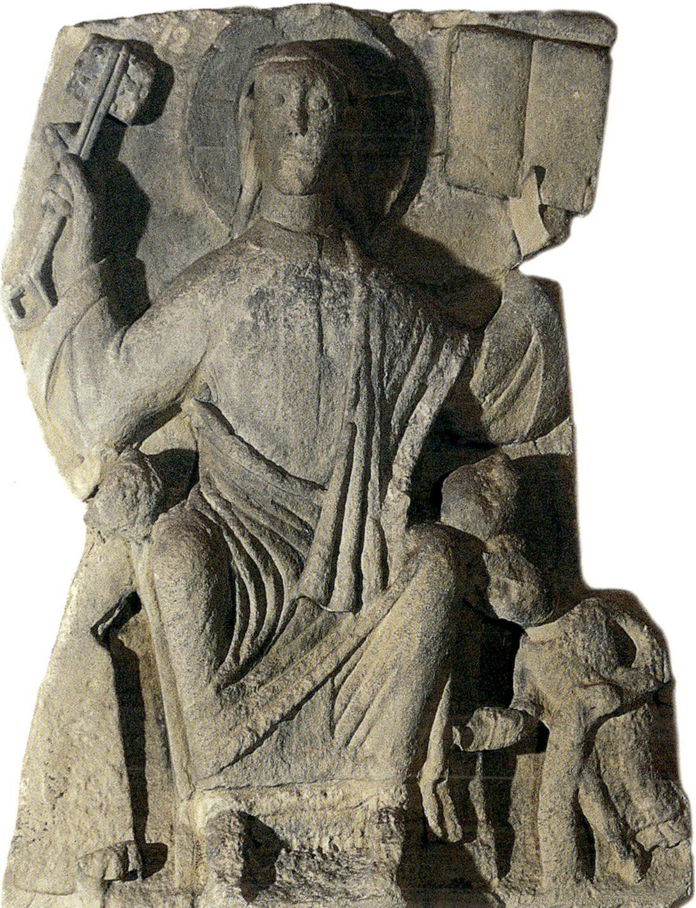

▲ *Thronender Christus, um 1050* (▶ *Seite 34*)

So kam es 1547 zur Wahl des Holländers **Albert Rizäus gen. Hardenberg** zum ersten **evangelischen Domprediger** durch das Domkapitel. Der Jubel der damals lutherischen Bremer, dass damit die letzte Bastion des Katholizismus in Bremen gefallen war, übertönte die Zweifel daran, ob Hardenberg wirklich auf der Linie Luthers läge. Seine Theologie entwickelte sich von Luther fort über Bucer hin in eine ganz eigene Richtung, was eine heftige Reaktion bei der Geistlichkeit, dem größten Teil des Rats und der Bürgerschaft hervorrief und 1561 zur Ausweisung Hardenbergs führte. Die leidenschaftliche Auseinandersetzung, in die weite Theologenkreise Deutschlands einbezogen waren, erklärt sich wohl daraus, dass erst in dieser Zeit das in sich zerstrittene Luthertum sein endgültiges Bekenntnis fand.

Die ultra-orthodoxen Gegner Hardenbergs überspannten aber den Bogen, indem sie seine Anhänger einer regelrechten Inquisition aussetzten. Dadurch fühlten sich auch alle als »Philippisten« (Anhänger Philipp Melanchthons) und »Krypto-Calvinisten« (Anhänger Johann Calvins) Bezeichneten bedroht, so dass es in der Folge zusammen mit einem erheblichen Zustrom hugenottisch-calvinistischer Glaubensflüchtlinge aus den Niederlanden, Belgien und Frankreich zu einem **Konfessionswechsel** in der Stadt Bremen kam: Bremen, besonders seine Oberschicht, wurde reformiert. Der nicht geringe, durch Zuwanderung wachsende lutherische Anteil an den Unter- und Mittelschichten ließ die sich anbahnenden Konflikte der künftigen Jahrhunderte voraussehen. Denn der Dom war lutherisch geblieben.

In der Mitte des Dreißigjährigen Krieges gelangte Norddeutschland unter dänischen Einfluss, so dass der dänische König Christian IV. 1634 seinen Sohn als **Friedrich II.** zum Erzbischof wählen lassen konnte. Friedrich, der später als Friedrich III. dänischer König wurde, öffnete als überzeugter Lutheraner nach 77 Jahren Schließung am 23. September 1638 den Dom wieder für den **lutherischen Gemeindegottesdienst**. Der reformierte Bremer Rat verbot den Bürgern die Teilnahme und ließ vor dem Dom Stadtsoldaten aufziehen. Trotz der sich wochenlang hinziehenden Tumulte bildete sich eine lutherische Gemeinde, deren Wortführer die Diakone waren, die am 11. November 1638 erstmalig auftraten. Der Zuspruch war so stark, dass der Rat im Stader Vergleich

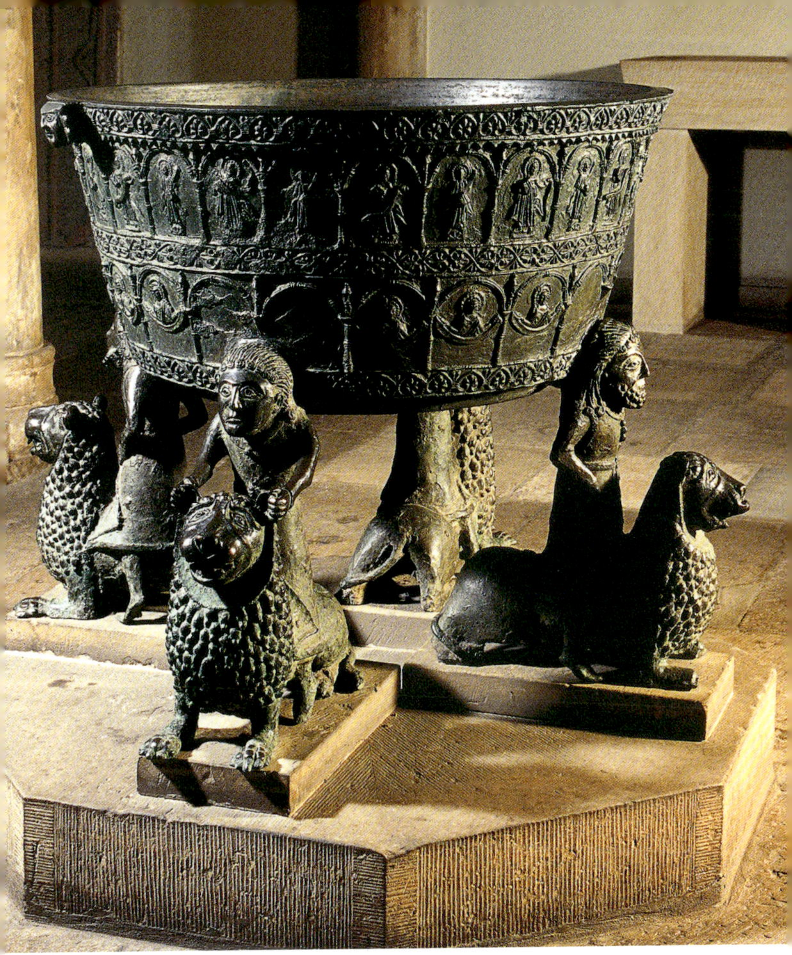

▲ *Taufbecken in der Westkrypta, um 1220* (▶ *Seite 33*)

von 1639 den ungestörten lutherischen Gottesdienst hinnehmen musste. Darüber hinaus wurde bei dieser Gelegenheit klargestellt, dass die episkopalen Rechte (die geistliche Aufsicht) nicht beim Bremer Rat, sondern beim Erzbischof (bzw. seinen Rechtsnachfolgern) lagen.

Die Zeit nach 1648

Am Ende des Dreißigjährigen Krieges setzten sich die Schweden in Norddeutschland durch und erreichten 1645 den Rücktritt Erzbischof Friedrichs II., der somit der letzte Bremer Erzbischof gewesen ist, da mit dem Westfälischen Frieden 1648 das **Erzstift** als Herzogtum Bremen **weltlich** wurde. Da der Dombezirk zum Herzogtum (also nicht zur Reichsstadt Bremen) gehörte und das Herzogtum zum Königreich Schweden, wurde der Dom nun schwedisch, was konfessionell keine Änderung bedeutete, da auch die Schweden den lutherischen Gottesdienst im Dom begünstigten. Die Gemeinde wuchs, der Dom wurde instand gesetzt, die lutherische Domschule entwickelte sich zu einer Konkurrenz für das streng reformierte Gymnasium Illustre. Obwohl der Rat die beteiligten Diakone mit Strafen bedrohte, wurde 1693 das St. Petri Waisenhaus gegründet. 1705 wurden am Dom Armen- und Freischulen mit Schulspeisung für bedürftige Kinder eingerichtet. Stets hatten die Diakone Schwierigkeiten mit dem Rat, da sie wie die meisten Gemeindemitglieder Bremer Bürger waren, der Dom aber im »Ausland« lag und Superintendent und Prediger dem schwedischen Konsistorium (geistliche Aufsichtsbehörde) in Stade unterstellt waren.

Nach dem Zusammenbruch Schwedens im Nordischen Krieg wurde das **Herzogtum Bremen dänisch** und dann **1715 hannoverisch** und damit Teil der großbritannischen Monarchie. Wie vorher von schwedischen wurde der Dom nun von hannoverischen Beamten verwaltet. Einer dieser Vertreter der Krone war der als Verfasser des Buches »Über den Umgang mit Menschen« sprichwörtlich gewordene Adolph Freiherr Knigge, der von 1790 bis zu seinem Tode 1796 in Bremen lebte und im Dom beigesetzt ist (▶ Seite 26). Schon bald darauf geriet auch Bremen in den Strudel der Napoleonischen Umwälzungen und **1803**, mit der Neuordnung des Reichsgebiets, kam der Dombezirk zur **Freien Reichsstadt Bremen**. Die Freude bei den Gemeindemitgliedern nach den jahrhundertelangen Streitigkeiten und Behinderungen wegen der staatsrechtlichen Verhältnisse war groß. Aber nach einem kurzen Zwischenspiel als Teil des französischen Kaiserreiches spielten sich Ereignisse ab, die zu einer ernsten Bedrohung der Domgemeinde wurden.

Mittelschiff, vorn rechts die Kanzel von 1638 ▶

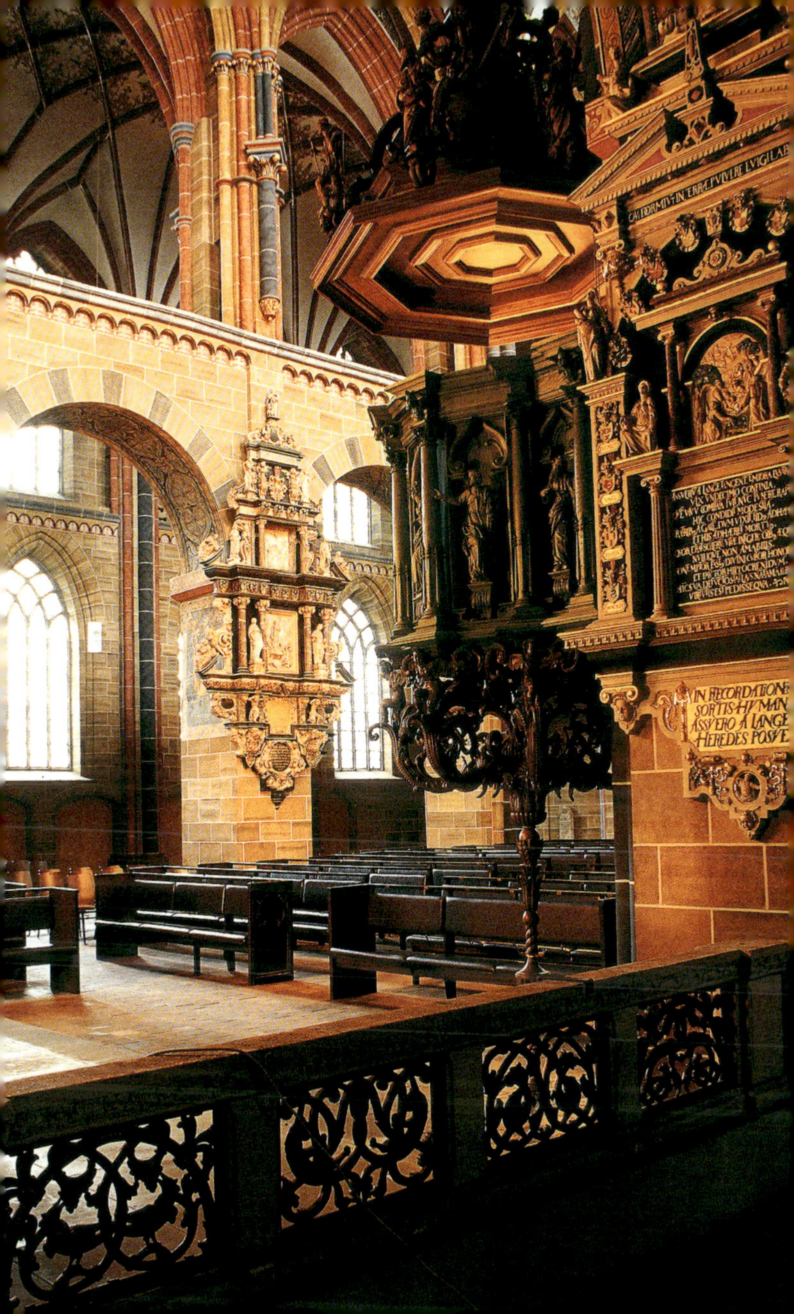
IN RECORDATIONE
SORTIS HUMAN
ASSVERO A LANGE
HEREDES POSVE

Die zur Unterhaltung des Doms bestimmten sogenannten Strukturgüter wurden unter dem Einfluss des späteren Bürgermeisters Johann Smidt dem Dom, »da er keine Gemeinde sei«, vom Bremer Senat streitig gemacht. Alte Vorurteile aus der Zeit des krassen Gegensatzes zwischen Lutheranern und Reformierten mischten sich mit rationalistischen Vorbehalten gegen die Anerkennung einer großen lutherischen Gemeinde, die es nicht gewohnt war, sich wie die anderen Bremer Gemeinden vom Senat bevormunden zu lassen. Denn die Trennung von Kirche und Staat wurde ja erst in der Weimarer Verfassung hundert Jahre später eingeführt; der Senat als Souverän beanspruchte in Bremen die episkopalen Rechte in einer auch für die damalige Zeit ungewohnt strikten Weise.

Dass Kirchengüter, die dem Dom Jahrhunderte gedient hatten, nun vom Staat vereinnahmt werden sollten, ja, dass der Domgemeinde das Lebensrecht als eigenständige Gemeinde abgesprochen wurde, rief heftigen Widerstand hervor, der vor allem durch die flammenden Reden und Schriften des Dompredigers Johann David Nicolai entfacht und am Leben erhalten worden ist. In dem fast drei Jahrzehnte währenden Kampf hatten die Domdiakone als Sprecher der Gemeinde die Ansprüche des Senats unermüdlich mit Eingaben, Gutachten und rechtlichen Schritten zurückzuweisen. Die Methoden und Argumente, mit welchen Bürgermeister Smidt die Domgemeinde bekämpfte, werfen einen Schatten auf diese bedeutende Persönlichkeit. Aber schrittweise setzte sich die Domgemeinde durch. 1810 wurde ihr eine gewisse Eigenverwaltung durch vier Bauherren zugestanden. Als 1827 die Domgemeinde endlich Klarheit und offene Anerkennung durch den Senat verlangte, brach in Smidt die alte Abneigung wieder durch; er bestritt der Domgemeinde mit wuchtigen Worten das Recht auf Selbstverwaltung und eigenes Vermögen und griff durch Verordnungen in Gemeindefragen ein. Erst als ein Gutachten die Auffassungen der Domgemeinde bestätigte, und als die Empörung unter den Gemeindemitgliedern ein solches Maß erreicht hatte, dass der Senat unter dem Eindruck der revolutionären Ereignisse des Jahres 1830 das Schlimmste befürchten musste, setzten sich die übrigen Senatoren gegen Smidt durch und erkannten 1830 die Domgemeinde an.

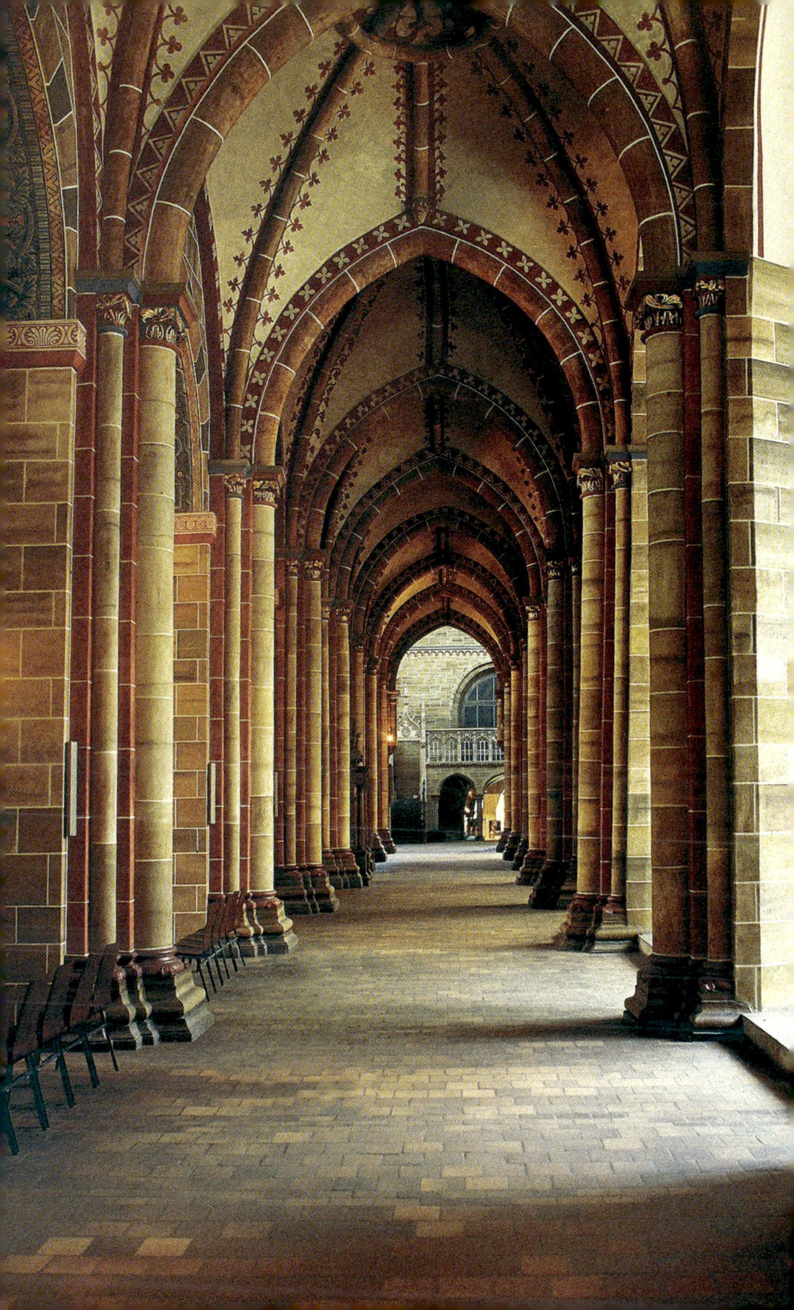

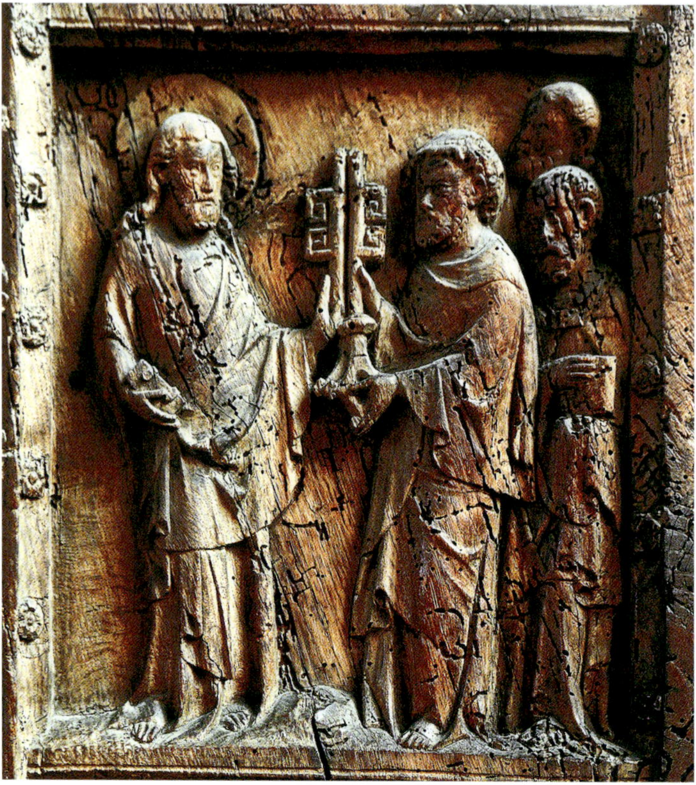

▲ *Chorgestühl: Christus reicht Petrus die Schlüssel*

Im weiteren Verlauf des 19. Jahrhunderts glich sich die Domgemeinde den anderen Altstadtgemeinden Bremens an. Wie bei diesen traten die alten konfessionellen Fragen allmählich in den Hintergrund. Dafür taten sich neue Frontstellen auf: positiv, liberal oder radikal. Die Domgemeinde öffnete sich seit der Mitte des 19. Jahrhunderts zunehmend theologisch-liberalen Strömungen; die Auffassungen einzelner Pastoren erregten weit über Bremen hinaus Aufsehen. So konnte die Domgemeinde in der ersten Hälfte des 20. Jahrhunderts manchmal den Eindruck einer gewissen theologischen Unverbindlichkeit machen. Das zeigte sich auch darin, dass die nationalsozialistischen »Deutschen Christen« im Dom Fuß fassen konnten. Der Domprediger Heinz Weidemann ließ sich 1934 von »Reichsbischof« Ludwig Müller zum Bischof ernennen, was zu Auseinandersetzungen und Tumulten führte. Diese Episode fand endlich 1941 ihr unrühmliches Ende.

So trat die St. Petri Domgemeinde mit gewachsener innerer Geschlossenheit in die zweite Hälfte des Jahrhunderts. Den Schwierigkeiten der Kirche in unserer Zeit ist sie als Altstadtgemeinde der Großstadt Bremen in besonderem Maße ausgesetzt. Sie hat aber auch mit ihrem kostbaren, weithin sichtbaren Gotteshaus besondere Möglichkeiten und Aufgaben in Gottesdienst und Verkündigung des Evangeliums.

Bau- und Kunstgeschichte

Zeittafel

789	Weihe der ersten, vermutlich hölzernen Kirche auf der Domdüne durch Willehad
nach 805	Bau einer steinernen Kirche durch Willerich
um 860	Weihe einer vorromanischen Saalkirche ostfränkischen Typs mit Altarhaus und Atrium durch Ansgar
1041	Zerstörung der Kirche und der Stiftsgebäude durch ein Feuer, sofortiger Wiederaufbau in den Maßen und nach dem Vorbild des alten Kölner Doms und in der Ausschmückung nach dem Vorbild des Doms zu Benevent; dreischiffige, flachgedeckte Pfeilerbasilika mit zwei Krypten, über denen sich zwei Chöre erheben. Die Arbeit lombardischer Steinmetze ist heute noch ablesbar
1068	Weihe der Westkrypta
um 1100	Beendigung des romanischen Baus, der noch heute Maß und Struktur vorgibt
vor 1200	Weihe der Ostkrypta
um 1220	Guss des Taufbeckens
um 1250	Einwölbung unter Erzbischof Gerhard II., Baubeginn am zweitürmigen Westwerk

1300–1500	Anbauten und Kapellen
1346	Der Nordturm erhält seine heutige Höhe und einen gotischen Helm
1433	Guss der heute noch erhaltenen Glocke »Maria Gloriosa«
um 1500	Umwandlung des romanischen zum gotischen Nordschiff unter Erzbischof Johann III. Rode
1561	Schließung des Doms für 77 Jahre, Verfall der Kirche
1638	Einsturz des Südturms mit acht Glocken Öffnung des Doms für den evangelisch-lutherischen Gemeindegottesdienst
1656	Der Nordturm brennt aus
1766	Nordturm mit welscher Haube
1888–1901	1. große Domrestaurierung: Teilrekonstruktion (Westwerk, Nordwand, Türme), Neukonstruktion (Vierungsturm), einheitliche Gestaltung des Dominneren durch Ausmalung nach byzantinischem Vorbild
1945	Zerstörung der drei östlichen Joche des Nordschiffs durch Bomben, Beschädigung der Inneneinrichtung und der Orgeln, Bruch aller Glasfenster, rund 30 % zerstört
1951	Abschluss der Wiederaufbauarbeiten
1962	Abschließende Erweiterung des Geläuts um die »Brema« als vierte Glocke
1966	Bau der sogenannten Bach-Orgel durch die Brüder van Vulpen aus Holland
1973	Zweite große Domrestaurierung bis 1981 mit Ausgrabungen (1974–76)
1980	Wiederherstellung der Ostwand in der Ostkrypta, Chorgitter auf dem Hohen Chor von Heinrich-Gerhard Bücker
1984	Verlegung des Bleikellers
1987	Eröffnung des Dom-Museums
1994	Restaurierung der Silbermann-Orgel
1997	Restaurierung und Rekonstruktion der Sauer-Orgel, teilweise Rekonstruktion des Prospektes der Schulze-Orgel von 1847
2002	Bau einer Orgel durch Kristian Wegscheider (Dresden) auf dem Hohen Chor

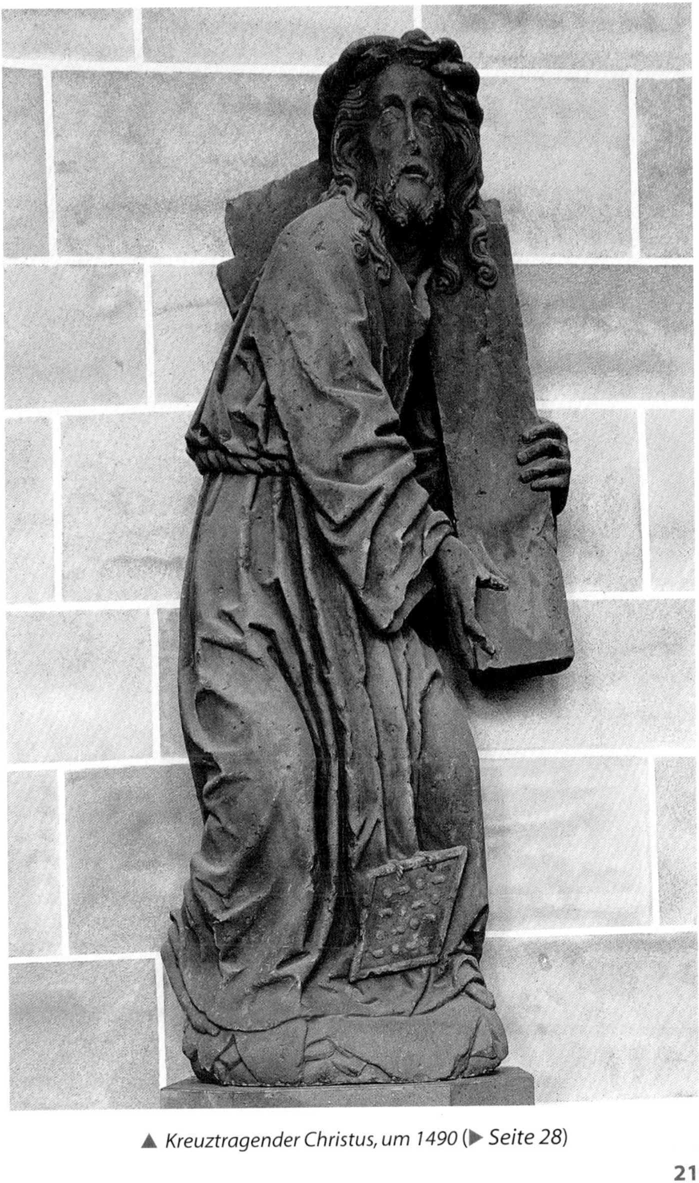

▲ *Kreuztragender Christus, um 1490* (▶ *Seite 28*)

Ausstattung

Die Ziffern in den eckigen Klammern verweisen auf die Standorte im Grundriss auf den Seiten 40/41

Überblick über die Bildhauerschulen im Dom

Von den alten Bildhauerarbeiten, die einst in reicher Zahl in Bremens Kirchen vorhanden waren, sind nur wenige Skulpturen und Reliefs überliefert. Nur den St. Petri Dom schmücken heute noch verschiedene aus Sandstein gefertigte Teile seiner mittelalterlichen Ausstattung (ein Teil der früher im Dom vorhandenen Bildwerke wird heute im Focke-Museum ausgestellt).

Die Blütezeit mittelalterlicher, sakraler Inneneinrichtung können wir im Dom vom Ende des 14. Jahrhunderts bis zum Beginn des 16. Jahrhunderts nachweisen. Vom alten Hauptaltar, der 1397 begonnen wurde, gibt es keine Zeugnisse mehr, der Reliquienschrein für die Heiligen Cosmas und Damian befindet sich seit 1648 in der St. Michaelskirche in München. Die frühesten noch erhaltenen Zeugnisse der Bildhauerkunst setzen sich mit der böhmischen Skulptur auseinander. Ein herausragendes Beispiel stellt die heilige Dorothea dar, die sich seit der letzten Domrestaurierung im Focke-Museum befindet. Zu den im Dom noch vorhandenen Werken gehören ein Abendmahlsrelief (Standort im Dom-Museum), das stilistische Verbindungen nach Prag, der Wirkungsstätte der Parler, erkennen lässt, die Christusfigur auf dem Altar in der Ostkrypta, ein Relief, das die Arztheiligen Cosmas und Damian zeigt (Standort im Dom-Museum) und die Darstellung des Gekreuzigten in der Ostkrypta.

Danach finden wir die Handschrift westfälischer Bildhauer im Dom, die manche Anregung, insbesondere der niederländischen Bildhauerkunst, rezipiert hatten und in ihren eigenen Werken weitergaben. Zu ihnen gehörten Heinrich Brabender, Evert van Roden und Johann Brabender als Sohn Heinrich Brabenders. Alle werden auch unter ihrer Berufsbezeichnung Beldensnyder (Bildschneider) in der Literatur erwähnt; sie waren in Münster zu Hause und arbeiteten während des ganzen 15. Jahrhunderts bis in das frühe 16. Jahrhundert hinein auch für Bremen.

Chorgitter, Nordseite, von H.-G. Bücker, 1977–78 (▶ Seite 32) ▶

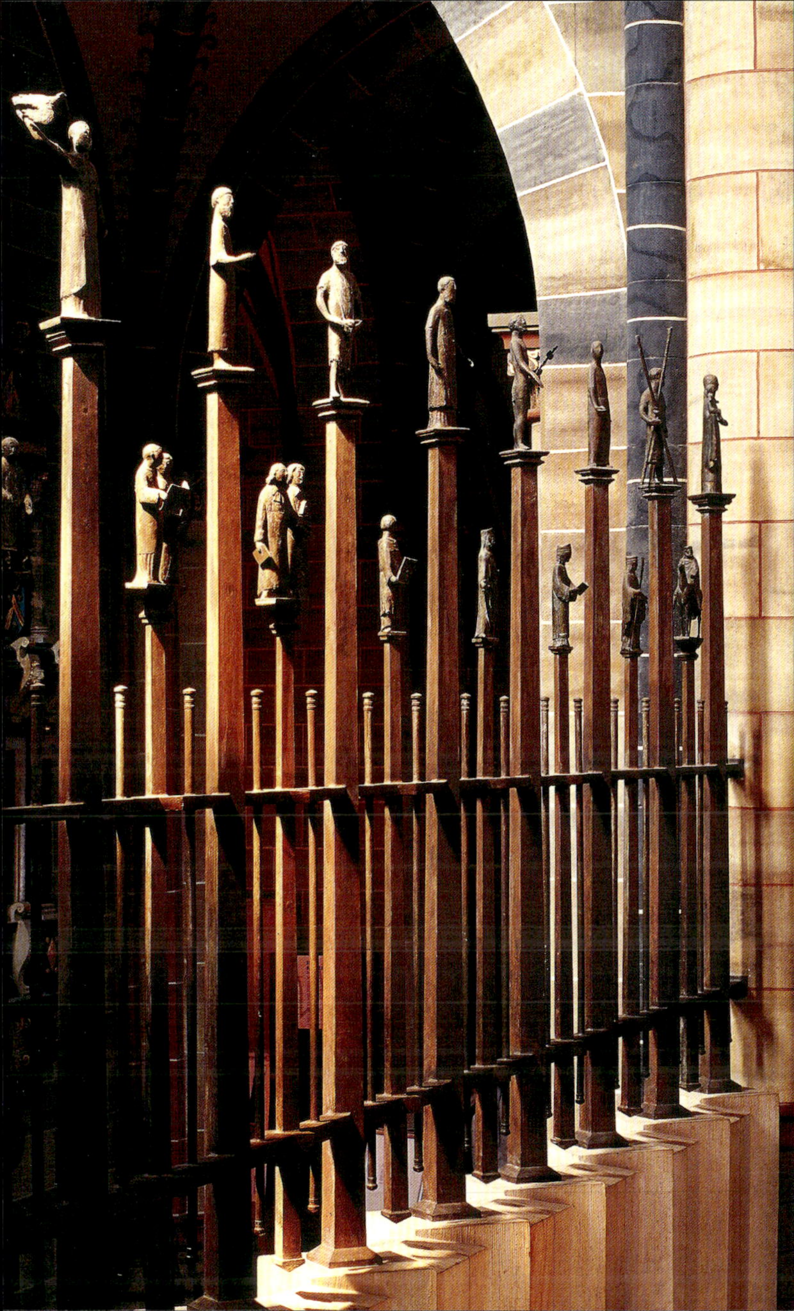

Mittelschiff, Südschiff, Nordschiff, Querschiff, Hoher Chor, südliche Seitenkapellen

Grabdenkmäler (Auswahl)

Die spätgotischen Grabdenkmäler weisen herausragende Bildhauerqualitäten auf, sie sind seit Langem über den gesamten Dom verteilt und befinden sich nicht mehr an ihrem ursprünglichen Platz. Prächtig wirken die zahlreichen Epitaphien; ins Auge fallen insbesondere die der Renaissance; hier stellt sich die Bildhauerkunst voll Phantasie und Üppigkeit in protestantischer Zeit dar. Auf Einzelbeschreibungen muss leider verzichtet werden, doch sei auf folgende Grabdenkmäler besonders hingewiesen:

Ein prägnantes Beispiel westfälischer Bildhauerkunst der Spätgotik bildet das **Epitaph Berthold Rantzaus** († 1489) im südlichen Querschiff, auf dem die Beweinung Christi dargestellt ist.

Einer etwas späteren Stilstufe schließt sich ein im Vorraum zum ehemaligen Kreuzgang befindliches Epitaph an, das den dargestellten Stiftern namentlich allerdings noch nicht zugeordnet werden konnte.

Das **Friedrich-Schulte-Epitaph** († 1509) unterhalb der Sauer-Orgel wurde von einer westfälischen Werkstatt geschaffen, die sich an niederländischen Vorbildern orientierte. Die Werkstatt könnte in Minden ansässig gewesen sein, lassen sich doch im ehemaligen Bistum Minden mehrere Arbeiten mit gleichen Gestaltungsprinzipien nachweisen.

Das am südwestlichen Vierungspfeiler angebrachte Epitaph des Domherrn **Gerhard Brandis** († 1518) zeigt in seiner Mitte die gekrönte Maria in mütterlicher Gebärde [**12**].

Das Epitaph des Domherrn **Segebade Clüver** († 1547), an dem noch die alte Bemalung erkennbar ist; seine inhaltliche Aussage weist es deutlich als Denkmal eines evangelischen Domherrn aus [**31**].

Das Durchgangsepitaph für den Domdechanten **Joachim Hincke** († 1583), das durch seine profane Funktion als Mauerdurchlass auffällt [**1**].

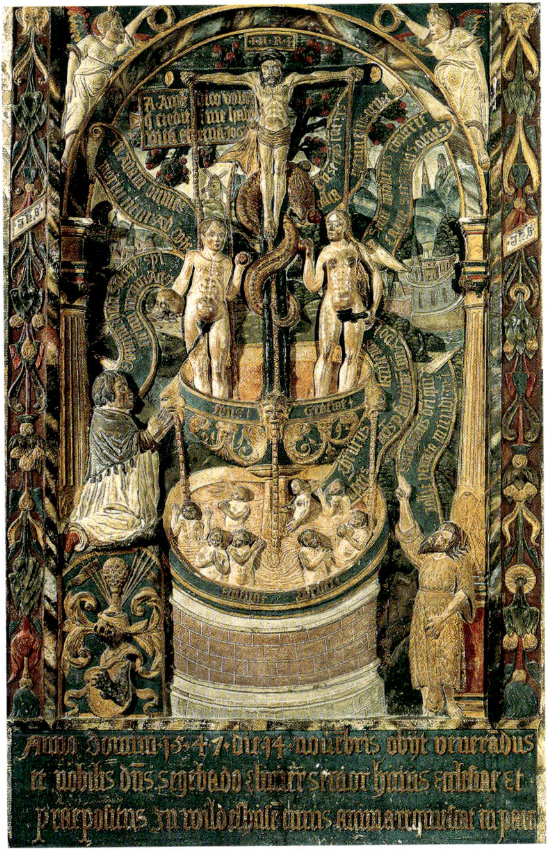

▲ *Epitaph für Segebade Clüver († 1547)*

Das Epitaph für die Domherren und Zwillingsbrüder **Theodor und Jodocus von Galen** († 1602/† 1601), das um 1620 entstanden sein dürfte [**3**].

Das reich ornamentierte Epitaph des Domherrn **Albert von Hasbergen** († 1635) mit seinem Auferstehungsrelief im Mittelfeld [**2**].

Seitenkapellen des Südschiffs

Das 1360/1380 entstandene **Chorgestühl** [4] ist ein bedeutendes Zeugnis für den bildnerischen Schmuck kirchlicher Ausstattungsstücke dieser Zeit in Norddeutschland und zeugt von der Bedeutung des Doms im Erzbistum Hamburg-Bremen mit Sitz in Bremen. Verschiedene Holzbildhauer waren an seiner Ausarbeitung und Gestaltung tätig, Maßstab für Bremen und andere norddeutsche Städte war das Chorgestühl im Dom zu Magdeburg. Die aus harter Eiche geschnitzten Bilder stellen Szenen aus der Bibel dar – der hinteren, hohen Reihe waren Ereignisse aus dem Neuen Testament, der vorderen, niedrigen Reihe solche aus dem Alten Testament gewidmet. Besonders ausdrucksstark empfinden wir die Darstellungen aus dem Neuen Testament (▶ Abb. Seite 18). Das kostbare Gestühl stand bis zu seinem Abbruch 1822 im Vierungsquadrat vor dem Hohen Chor. Die geretteten neun Teile wurden im Rahmen der 2. Domrestaurierung saniert und schwenkbar, und damit von **beiden** Seiten sichtbar, an den Wänden der dritten Südkapelle befestigt.

In der vierten Südkapelle hängen **Wappentafeln** der Mitglieder der **Domdiakonie** [5]. Diese wurde 1638 von evangelisch-lutherischen Bremer Bürgern gegründet, die nach den jahrzehntelangen Glaubenskämpfen die Geschicke der Domgemeinde und des Doms beherzt in die Hand nahmen. Auch heute liegt die Verwaltung vieler Gemeindeeinrichtungen, ihrer Besitzungen und Stiftungen noch weitgehend in der Verantwortung der Domdiakonie. Die Tafeln beginnen mit den Wappen der 1638 amtierenden Diakone. Jüngere Wappentafeln hängen in den Treppenhäusern der Gemeindehäuser auf der »Dominsel«.

In einem Nebenraum zwischen dem südlichen Querschiff und der letzten Seitenkapelle – hier war bis 1915 der Vorraum zum mittelalterlichen Kreuzgang, heute zum Glockengarten – finden wir die **Grabplatte des Freiherrn Adolph Knigge** [7]. Nach der Schweden- und Dänenzeit wurde das Herzogtum Bremen hannoverisch und damit Teil der großbritannischen Monarchie. Knigge lebte als Verwalter dieser Krone von 1790 bis 1796 in Bremen. Als Verfasser des Buches »Über den Umgang mit Menschen« wurde er sprichwörtlich.

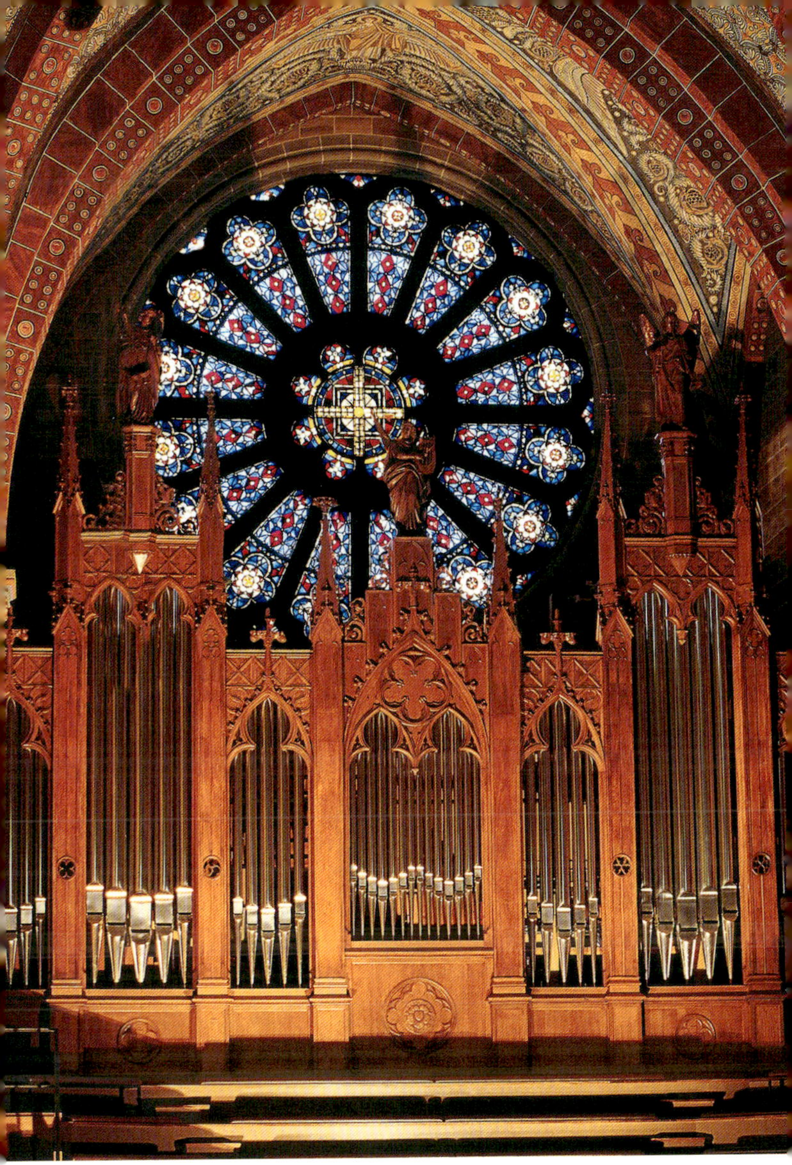

▲ *Sauer-Orgel mit Rosette*

In die Nordwand ist eine **rolandähnliche Figur** eingefügt, über deren Bedeutung viel gerätselt wurde [**6**].

Querschiff

Das **romanische Portal** [**8**] in der Südwand des Querschiffs enthält eine Bronzetafel zum Gedenken an die Bremer Bischöfe und Erzbischöfe, deren Gebeine in der 1985 angelegten **Grablege** wieder beigesetzt wurden [**9**]. Die Stellen, an denen die Gräber während der Ausgrabungen in den Jahren 1974–1976 im Mittelschiff aufgenommen wurden, sind durch schlichte Namensplatten gekennzeichnet; unter ihnen finden wir z. B. Ansgar († 865) unterhalb der Bankreihen der Nordostseite.

Mittelschiff

An exponierter Stelle im St. Petri Dom befindet sich der **kreuztragende Christus** am Mittelpfeiler [**17**] hinter dem Hauptaltar (▶ Abb. Seite 21). Mit vier oder fünf weiteren Figuren waren dies Monumentalplastiken Teil des Schmucks der Westfassade, die zum Ende des 15. Jahrhunderts geschaffen wurde, bisher aber keiner Bildhauerwerkstatt überzeugend zugeordnet werden konnten. Zu diesen Skulpturen gehören wohl der **hl. Christophorus**, der Kirchenvater **Hieronymus** und die **hl. Anna**, die sich heute noch im Dom und im Dom-Museum befinden.

1561 war der Dom für Gottesdienste geschlossen worden. In den anschließenden Jahrzehnten wandelte sich Bremen von einer Stadt des evangelisch-lutherischen Glaubens zu einer des calvinistischen Bekenntnisses. Als Erzbischof Friedrich II., Sohn des Dänenkönigs Christian IV. und überzeugter Lutheraner, den Dom am 23. 9. 1638 gegen den Willen des Rates für evangelisch-lutherische Gottesdienste wieder öffnete (▶ Seite 12), galt die Errichtung einer prächtigen neuen **Kanzel** [**18**] als ein deutliches Zeichen für das lutherische Bekenntnis. Diese Kanzel ist ein Werk des dänischen Hofbildhauers Jürgen Kriebel aus Glückstadt, einem führenden Vertreter des Manierismus. Während der Kanzelkorb aus Eiche besteht, sind die kunstvollen Figuren aus Lindenholz geschnitzt (▶ Abb. Seite 15). Die Ikonographie führt über

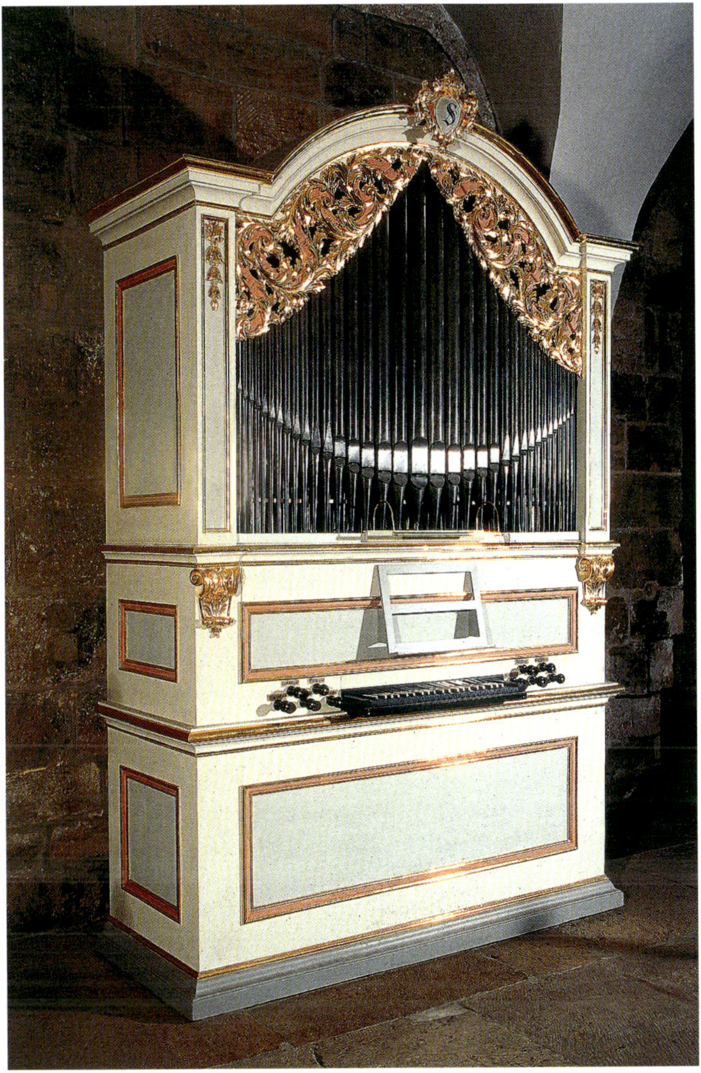

▲ Silbermann-Orgel (▶ Seite 34)

fünf Figuren, nämlich die Evangelisten mit König David in ihrer Mitte, zu den sieben Figuren am Kanzelkorb, neben den Propheten, Christus, Johannes der Täufer und Moses, sowie zu den Aposteln über dem Schalldeckel hinauf zum siegreichen Heiland.

Mit umfangreichen Aufträgen wurde der in Münster ansässige Bildhauer Evert van Roden bedacht. Im Mittelpunkt seiner Arbeit steht der fast acht Meter breite **Westlettner** [**15**], der heute die Brüstung der Orgelempore bildet. Er wurde zu Beginn des 16. Jahrhunderts im Zusammenhang mit Umbaumaßnahmen am Dom geschaffen. Seinerzeit wurde das niedrige romanische zu einem hochaufragenden spätgotischen Nordschiff umgebaut und so der Raumeindruck der Basilika grundlegend geändert.

Von der im Zuge dieser Umbaumaßnahmen errichteten Chorschranke haben sich nur die mit Bildwerken geschmückte Brüstung und mehrere Einzelfiguren erhalten. Der Gesamtaufbau und einzelne Details weisen auf die enge Verbindung des Künstlers zu den nördlichen Niederlanden hin. In der mittleren, besonders breiten der elf Nischen tragen die heiligen Gründer der Kirche, Kaiser Karl der Große und Bischof Willehad, ein Modell des Doms, wie er um 1500 ausgesehen haben wird. In den je fünf sich nach beiden Seiten anschließenden Figurennischen finden wir Darstellungen von Heiligen, die in spätmittelalterlicher Zeit für die bremische Kirche von besonderer Bedeutung waren. Vervollständigt wird dieses Programm von Gründern, Erzbischöfen, männlichen und weiblichen Heiligen und Märtyrern, Ritterheiligen, Stiftern und weiteren männlichen Figuren sowie durch vier weitere Heiligendarstellungen, die ursprünglich wohl am Lettner unterhalb der Brüstung angebracht waren, seit Langem aber an verschiedenen Stellen im Dom eine neue Aufstellung gefunden haben.

Es handelt sich um die **Muttergottes** [**10**] an der östlichsten Arkade des Mittelschiffs, Nordseite, die nachdenklich in sich versunken, das unbekleidete Kind in Händen hält. Die kraftvolle Gestalt des heiligen **Dionysius** ist seit Langem auf einem romanischen Kapitell im südlichen Querschiff aufgestellt. Zum Wirkungskreis dieser Werkstatt gehört weiterhin die Figur eines **Heiligen** [**11**], den wir an der östlichsten

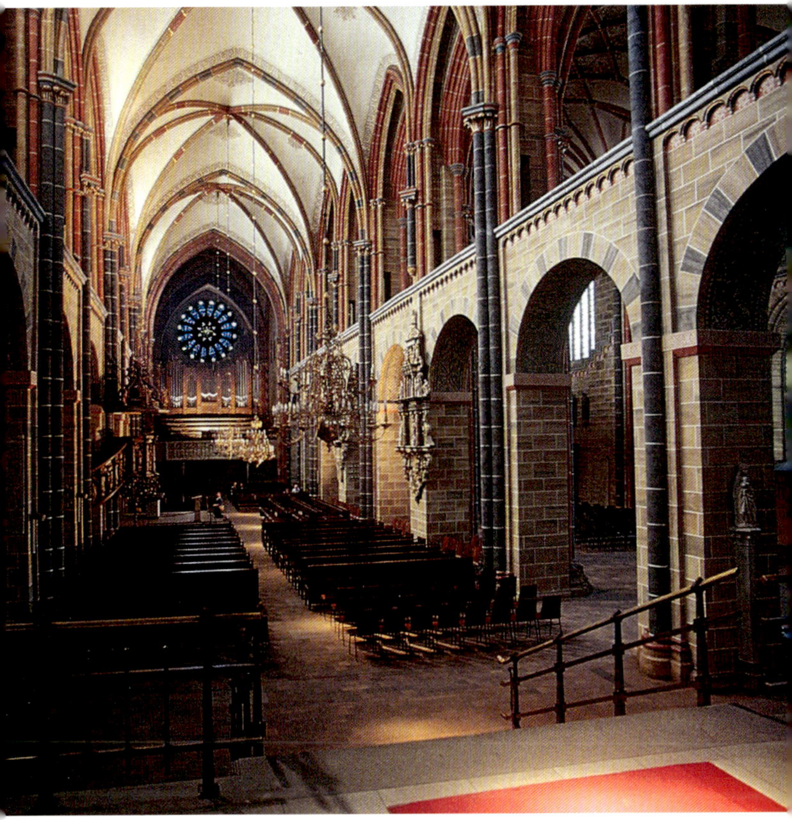

▲ *Mittelschiff nach Westen*

Arkade des Mittelschiffs, Südseite, finden. Sie wird dem hl. Jacobus oder dem hl. Rochus zugeschrieben. Während die Jacobsmuschel auf den Pilger nach Santiago de Compostela hinweist und die gekreuzten Schwerter ihn als Märtyrer kennzeichnen, wird der Hinweis mit der Hand auf die Pestwunde auf den hl. Rochus bezogen. Die letzte Figur dieses Zyklus' stellt einen heiligen **Papst**, wohl Gregor den Großen, dar; sie wird im Bleikeller aufbewahrt.

Auf dem Westchor über der Westkrypta war seit dem Mittelalter die Orgel positioniert. Heute steht hier die 1894 von **Wilhelm Sauer** aus Frankfurt an der Oder konstruierte **Orgel** [**32**]. Mit 100 Registern wurde sie 1996 von Christian Scheffeler aus Frankfurt an der Oder saniert und rekonstruiert.

Das **Chorgitter** [**16**] über der Ostkrypta unter dem Vierungsquadrat (▶ Abb. Seite 23) ist ein Werk des Bildhauers Heinrich-Gerhard Bücker aus Vellern in Westfalen. Die unterschiedlich hohen Gitterstäbe tragen in der oberen Reihe die zentralen Gestalten der Heilsgeschichte, in der unteren solche der auf den St. Petri Dom, das Bistum, das Erzbistum und die Domgemeinde bezogenen weltlichen Geschichte. Die in den Jahren 1977/78 geschaffenen Bronzegitter betonen durch Abgrenzung die hervorgehobene Bedeutung des Raumes unter der Vierung – Platz des alten Chorgestühls –, ohne diesen aus dem ihn umgebenden großen Kirchenraum abzusondern.

Auf dem Hohen Chor finden wir am Fuß des linken Pfeilers des südlichen Portals die Schnurre eines Steinmetzen aus dem 13. Jahrhundert, die Darstellung einer (armen) **Kirchenmaus** [**33**]. An der Nordwand steht seit 2002 die **Wegscheider-Orgel** [**34**].

Nordschiff

Dieselbe stilistische Prägung wie das Relief an der Orgelempore lässt sodann ein Relief der **Heiligen Sippe** [**13**] erkennen, das in die Innenseite des Nordturms eingelassen ist. Die Kopftypen schließen sich an Meister Everts Arbeiten eng an, in der vorderen Reihe sehen wir von links nach rechts Maria Cleophe, Maria mit dem Jesusknaben, Anna, die Mutter Marias, und Maria Salome, in der hinteren Reihe folgen sieben Männer, unter ihnen Joseph, Zebedäus, Kleophas und die drei

Männer der Anna. Die liebevoll gearbeiteten Kinder weisen mit ihren Attributen auf ihren weiteren Lebensweg hin: links Maria Cleophe, ihren Sohn Joseph Justus in den Händen haltend, davor Simon Zelotes, Judas Thaddäus und Jacobus minor (Walkerstange), rechts die zwei Kinder Maria Salomes, auf dem Schoß sitzend der Evangelist Johannes (Kelch), davor Jacobus maior (Pilgerflasche).

An der Ostwand des Nordschiffes befindet sich die von den Brüdern van Vulpen aus Utrecht in den Jahren 1962/64 gebaute sogenannte **Bach-Orgel** [**30**]. Mit ihren 25 Registern stellt sie sich bewusst in die Tradition des Orgelbaus der Barockzeit und dient so der Wiedergabe der Werke alter Meister (▶ Abb. Seite 7).

Westkrypta

Das **Taufbecken** [**19**] ist ein Meisterwerk spätromanischer Bronzegießerkunst (▶ Abb. Seite 13). Vier auf Löwen reitende Gestalten tragen den Taufkessel, um den sich zwei gleich hohe Arkadenreihen ziehen. In den oberen Rundbögen sind 26 Figuren zu erkennen, in den unte-

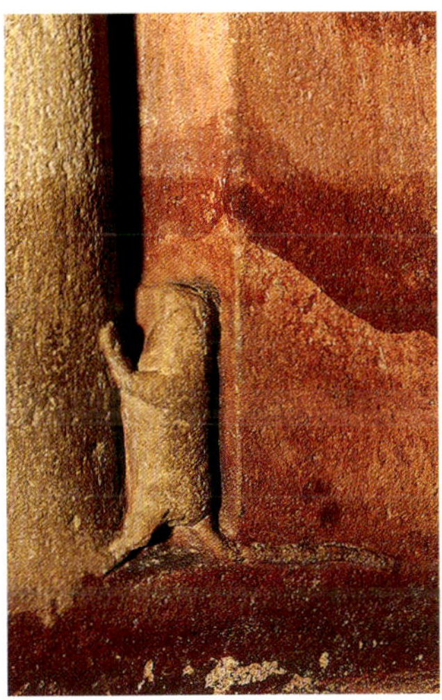

▲ *Kirchenmaus im Hohen Chor*

ren zwölf Halbfiguren. Die horizontale Gliederung besorgen drei Palmettenbänder. Der Deckel ging verloren. Die Bedeutung der das schwere Becken tragenden Figuren ist nicht geklärt. Solche Taufbecken (Fünten) finden wir mehrfach im nördlichen Deutschland. Gerhard II. schuf als Erzbischof mit diesem Becken gleichzeitig auch ein repräsentatives Eichmaß und bekräftigte das unter seinem Schutze stehende Regal über die Maße in Bremen. Der Inhalt von (heutigen) 217 Litern steht im Zusammenhang mit dem alten Bremer Weinmaß – Oxhoft, Ohm und Alter Bremer Tonne – und dem alten Bremer Getreidemaß – Scheffel.

Bemerkenswert ist eine **Grabplatte** [**20**] mit drei schlichten Krummstäben, Attributen, die auf das Begräbnis Geistlicher hinweisen.

Der **thronende Christus** [**21**] an der Ostwand darf als eines der bedeutendsten Werke frühromanischer Plastik im Bremer Raum gelten (▶ Abb. Seite 11). Das Bildwerk wird sich in einem Tympanon der Westfront befunden haben. Es drückt majestätisch und auch gebieterisch den Missionsauftrag nach Matthäus 18, 18–20 aus, der in besonderem Maße an die Bremer Kirche und ihre Erzbischöfe gerichtet war. In der rechten Hand hält Christus den Doppelschlüssel als Symbol seiner Gewalt über Himmel und Erde, in der linken die aufgeschlagende Bibel als Hinweis auf seine Lehre.

Die **Kapitelle** [**22**] bezeugen eindrucksvoll die Meisterhände lombardischer Steinmetzen, die Adalbert von seinem Italienzug mit Kaiser Heinrich III. 1047 nach Bremen brachte. Vier Kapitelle weisen die typisch italienischen dreisträhnigen Flechtbandornamente zusammen mit mittelmeerischen Palmetten auf. Hier findet sich die Frühform dieses Kapitelltypus, der – hundert Jahre später – u. a. zu den reifen Hildesheimer Formen führte.

Hier steht an der Westwand eine kostbare kleine **Orgel** des sächsischen Orgelbaumeisters aus Freiberg, **Gottfried Silbermann** [**23**] (▶ Abb. Seite 29). Das vermutlich 1732/33 für eine Dorfkirche in Sachsen erbaute Instrument konnte 1939 erworben werden. Substanzverluste der Jahre 1902, 1952 und 1963 konnten nach der Wende zum größten Teil behoben werden. Die Orgel wurde 1994 von der Werkstatt Kristian Wegscheider aus Dresden restauriert und rekonstruiert.

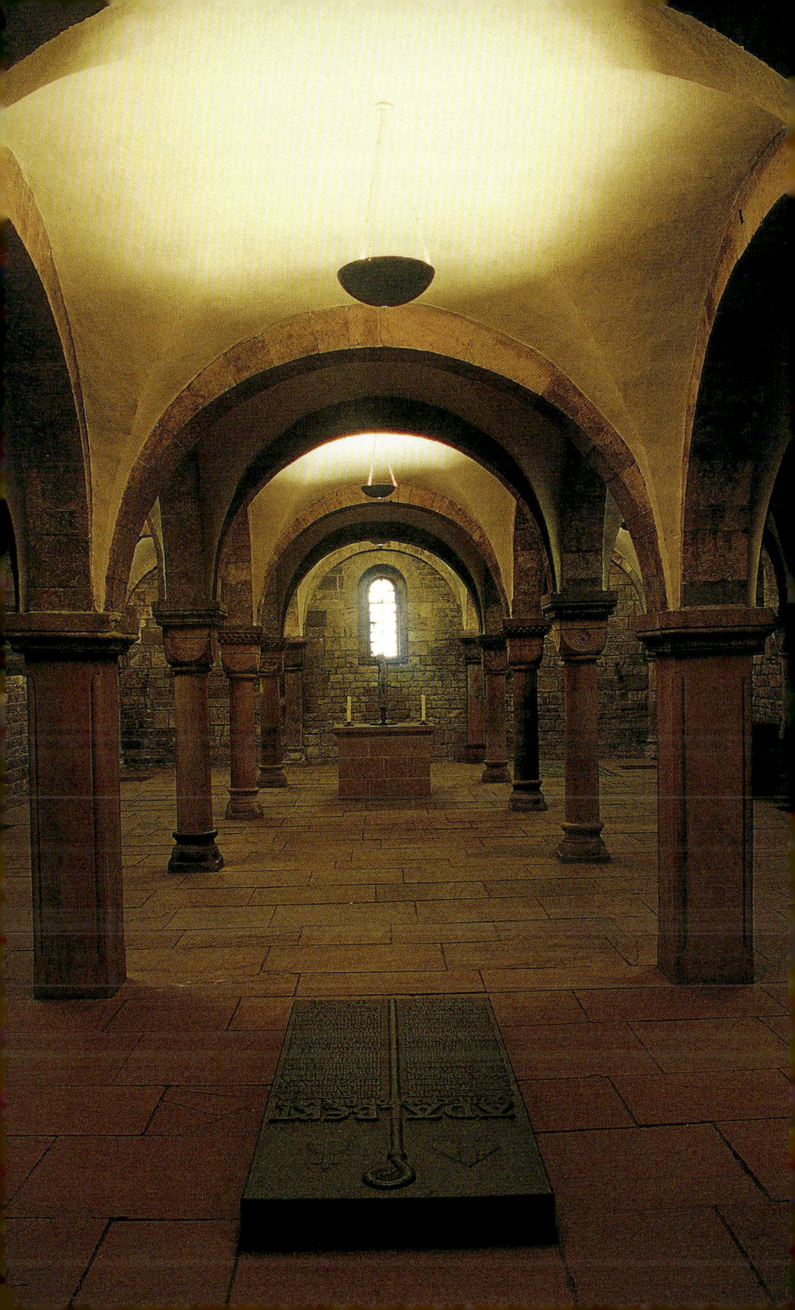

Ostkrypta

Im Gegensatz zu den übrigen Teilen des St. Petri Doms wurde die Ostkrypta nach ihrer Entstehung baulich wenig verändert. So empfängt den Besucher ein einheitlicher Raum aus frühsalischer Zeit von bezwingender Harmonie (▶ Abb. Seite 35).

Der **Altar** steht unter dem Marienaltar des Hohen Chors zwischen vier Säulen mit bedeutsamen **Kapitellen** [**24**]. Germanische Sinnbilder, wie der das Licht bedrohende Fenriswolf oder die Midgardschlange, werden durch das christliche Heilssymbol der offenen Blüte erlöst und beherrscht. Doch spürt man auch hier den Einfluss mediterraner Tradition durch die Schachbrettornamente an den Quadern über den Kapitellen.

Zwischen den Pfeilern im Westteil befindet sich das **Grab Erzbischof Adalberts** [**26**]. Die Grabplatte schuf Ernst Gorsemann 1938.

An der Westwand sehen wir eine Darstellung des **Gekreuzigten** [**28**]. Sie stammt aus dem Figurenkanon des Westwerks, ist aber im Gegensatz zu den im Dom gezeigten Darstellungen deutlich älter und schließt zeitlich und stilistisch an den kleinen kostbaren **Kruzifixus** [**25**] auf dem Altar an. Auch die an der Südwand angebrachte **Marienkrönung** [**29**] wird am Westwerk zu sehen gewesen sein.

Das Relief **Christus als Schmerzensmann** [**27**] an der Nordwand zeigt denselben Reliefstil wie das Epitaph im Vorraum zum ehem. Kreuzgang, das ursprünglich in die Wand des Kreuzganges eingelassen war.

Die Glasfenster

Von den alten Fensterverglasungen des Doms hat keine die Bomben des Zweiten Weltkrieges überstanden. Als erste wurden die Rosette über der Sauer-Orgel und die drei Ostfenster des Hohen Chors 1951 von Georg K. Rohde, Worpswede, geschaffen. Es folgte das Fenster in der östlichsten Südkapelle 1953 von Charles Crodel. Die weiteren Verglasungen der Südkapellen entstanden zwischen 1961 und 1974 und sind Arbeiten Robert Rabolts, München. Alle anderen Fenster entwarf Heinrich-Gerhard Bücker, Vellern, sie entstanden in folgender Reihenfolge: Westkrypta 1970, Nordschiff 1970–1976, Obergaden 1977, Petrus 1978 und Ostkrypta 1987.

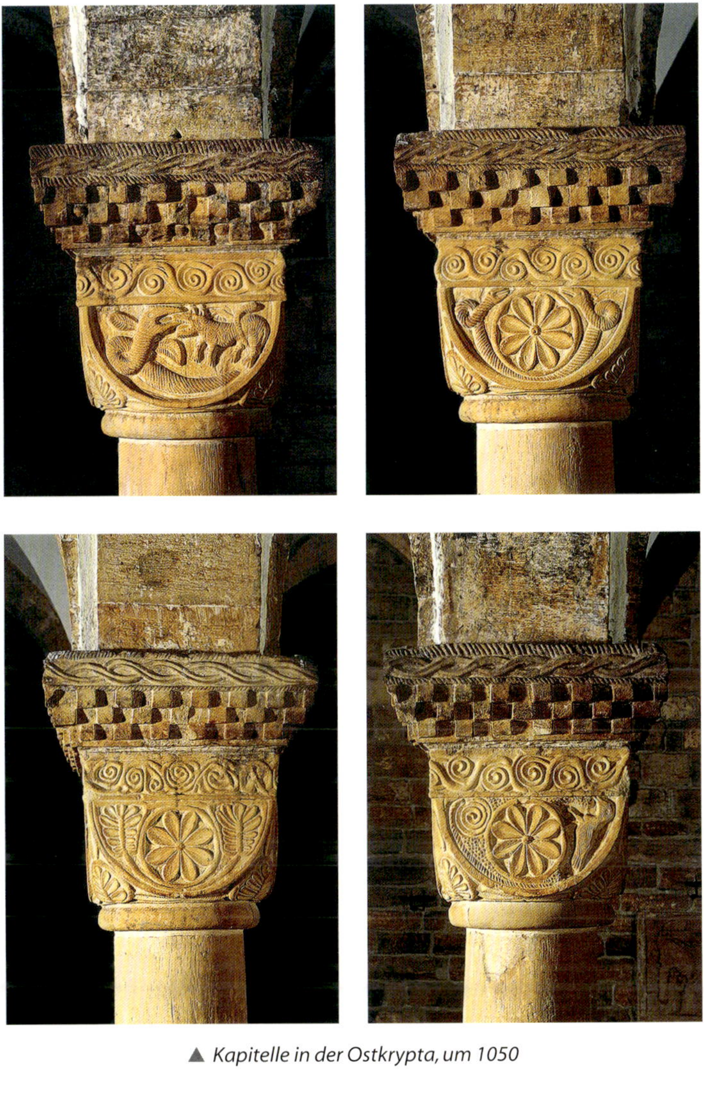

▲ *Kapitelle in der Ostkrypta, um 1050*

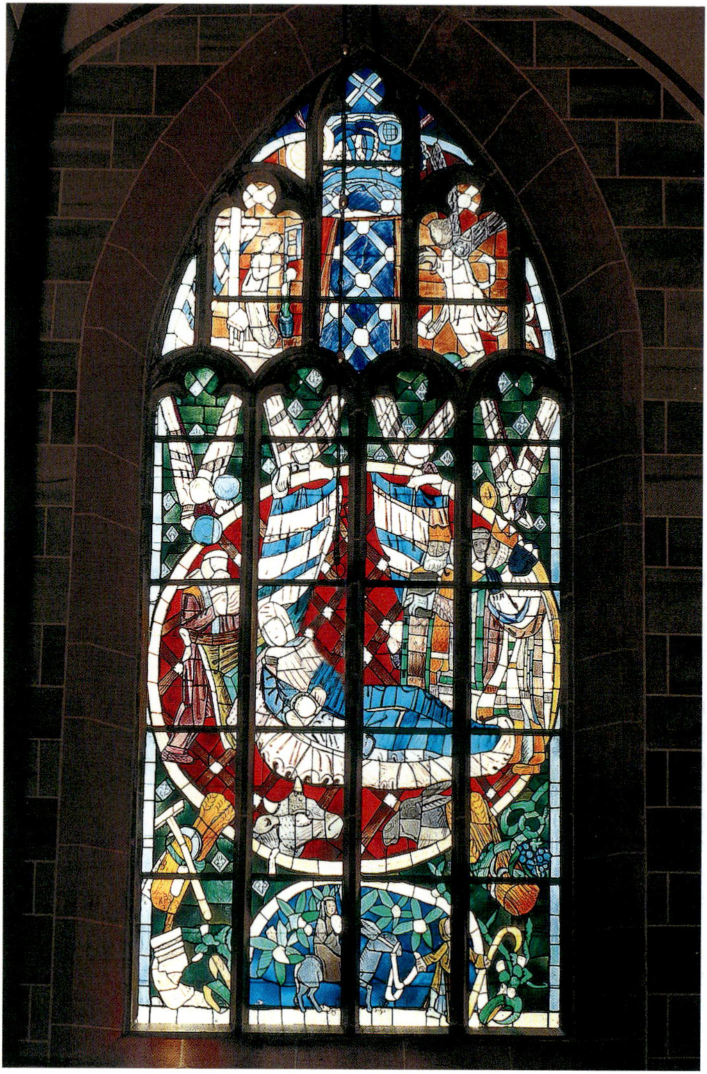

▲ *Buntglasfenster »Christi Geburt« von Charles Crodel, 1953*

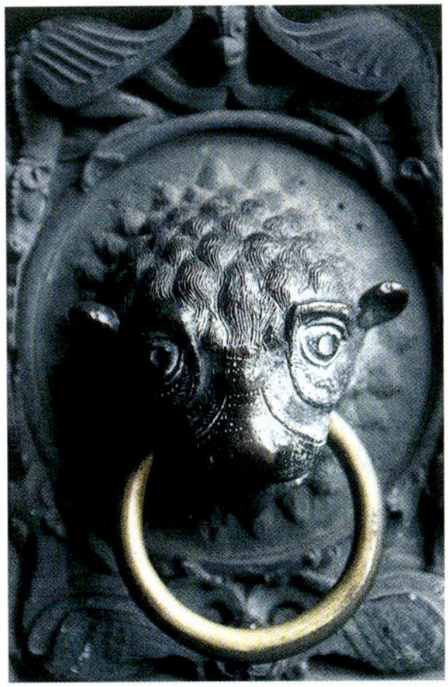

▲ *Türzieher, spätromanischer Löwenkopf mit Ziehring um 1230, in eines der beiden Portale eingearbeitet*

Literatur: Die Orgeln im St. Petri Dom zu Bremen, Kurzführer. – Der Bleikeller am Dom zu Bremen, Kurzführer. – Dom-Museum Bremen, Kurzführer. – Walter Dietsch, Der Dom St. Petri zu Bremen. Geschichte und Kunst, Bremen 1978. – Wilhelm Lührs, Der Domshof, Geschichte eines bremischen Platzes, Bremen 1987. – Günter Abramzik, Der St. Petri Dom in Bremen, Bremen 1989. – Ortwin Rudloff, Kirchenmaus und Armenbibel. Vom Verstehen mittelalterlicher Kunstwerke, Bremen 1993. – Johann Christian Bosse / Hans Henry Lamotte, Der Dom zu Bremen, Königstein 1998, mit ausführlichem Literaturverzeichnis alter und neuer Literatur. – Detlev G. Gross (Hrsg.) / Ingrid Weibezahn, Schätze aus dem Bremer St. Petri Dom. Führer durch das Dom- Museum, Bremen 2005. – Die Epitaphien sind in den Blättern »Der Maus« beschrieben.

Alle genannten Bücher sind in der St. Petri Domhandlung GmbH erhältlich, soweit sie nicht vergriffen sind.

St. Petri Dom zu Bremen
St. Petri Domgemeinde
Postfach 10 13 24, 28013 Bremen · Sandstraße 10–12, 28195 Bremen
Telefon 0421/36 50 4-0 · Fax 0421/36 50 4-25 · www.stpetridom.de

Aufnahmen: St.Petri Domgemeinde Bremen (Foto: Lothar Klimek, Worpswede)
Druck: F&W Mediencenter, Kienberg

Grundriss und Ausstattung

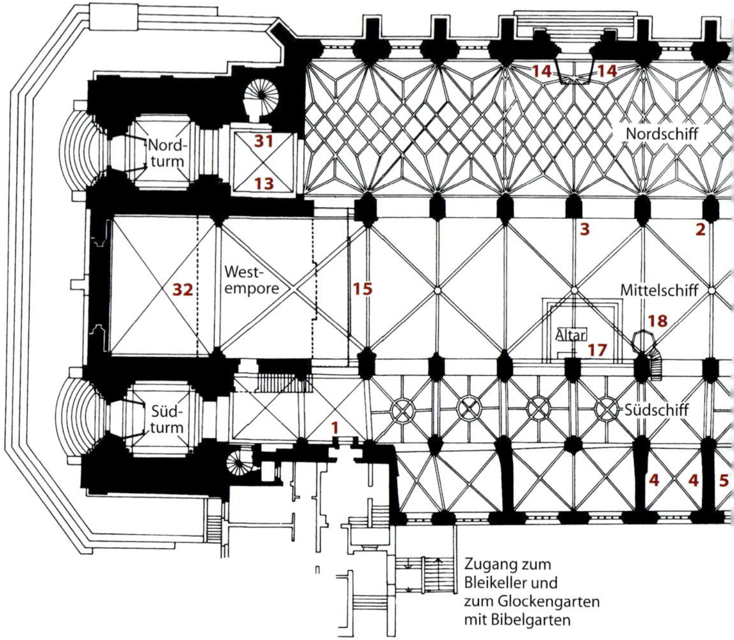

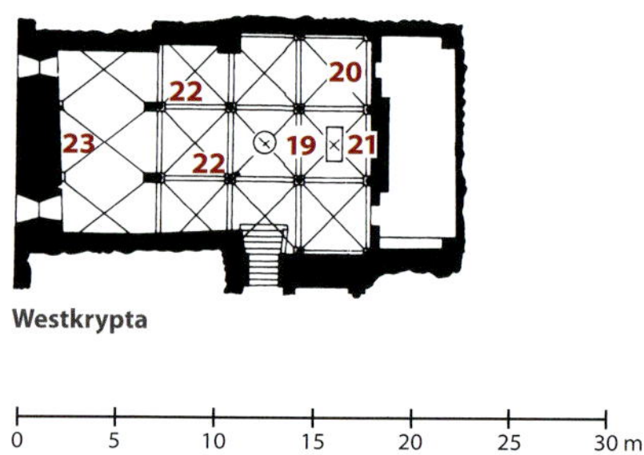

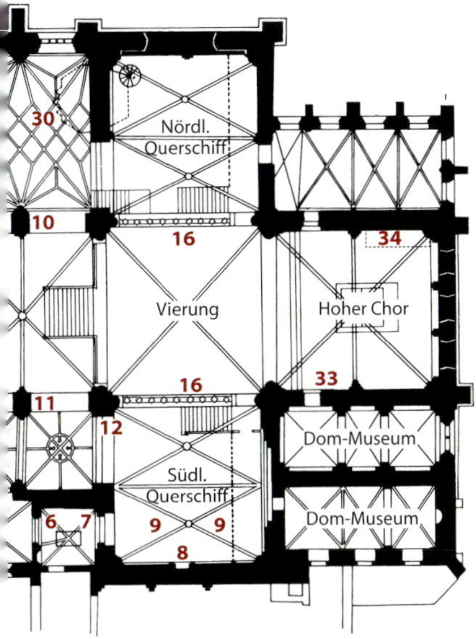

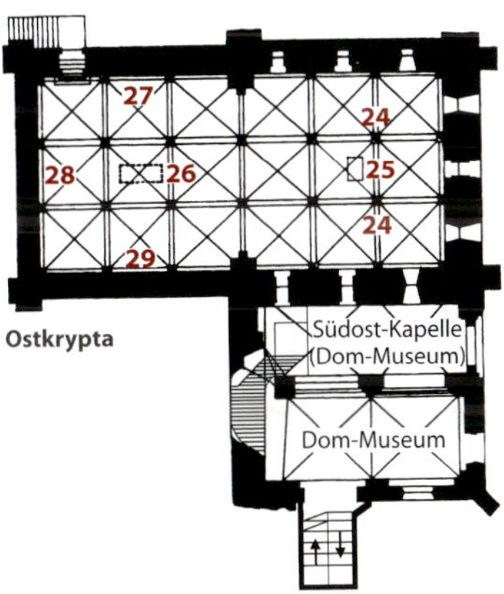

Ostkrypta

Legende

1 Epitaph Dr. Joachim Hincke
2 Epitaph Albert von Hasbergen
3 Epitaph Theodor und Jodocus von Galen
4 Chorgestühl
5 Wappentafeln der Domdiakone
6 Rolandähnliche Ritterfigur
7 Grab des Freiherrn Knigge
8 Romanisches Portal
9 Bischofsgräber
10 Muttergottesfigur
11 Figur eines Heiligen
12 Epitaph für Dr. Gerhard Brandis
13 Relief der hl. Sippe
14 Die Klugen und die Törichten Jungfrauen
15 Westlettner
16 Chorgitter
17 Kreuztragender Christus
18 Kanzel
19 Taufbecken
20 Romanische Grabplatte
21 Thronender Christus
22 Kapitelle der Westkrypta
23 Silbermann-Orgel
24 Kapitelle der Ostkrypta
25 Altarkruzifix
26 Grab Erzbischof Adalberts
27 Schmerzensmann
28 Gekreuzigter
29 Marienkrönung
30 Bach-Orgel
31 Epitaph Segebald Clüver
32 Sauer-Orgel
33 Kirchenmaus
34 Wegscheider-Orgel

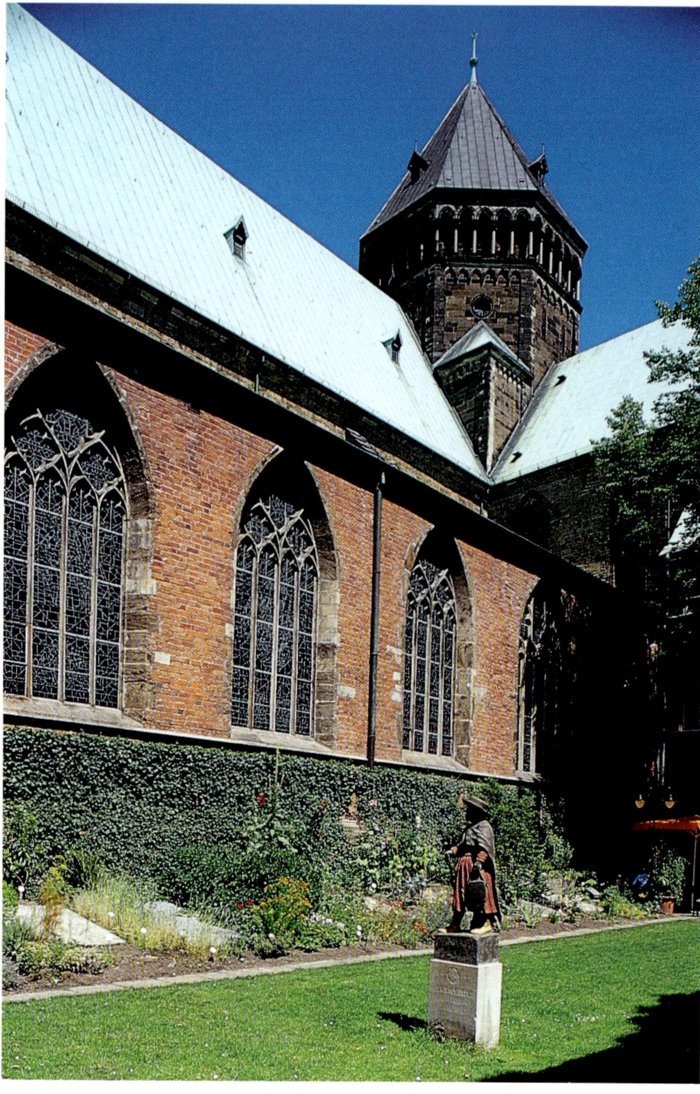

▲ *Glockengarten mit Bibelgarten, Statue des Jacobus*